Dino
VERLAG

# Das Beste aus
# 7Tage-7Köpfe

Herausgegeben von Burkhard Bergermann

RTL BUCHEDITION
Dino VERLAG

Jochen Busse

Gaby Köster

Kalle Pohl

Doktor Stratmann

# gen

Die Zigarette davor

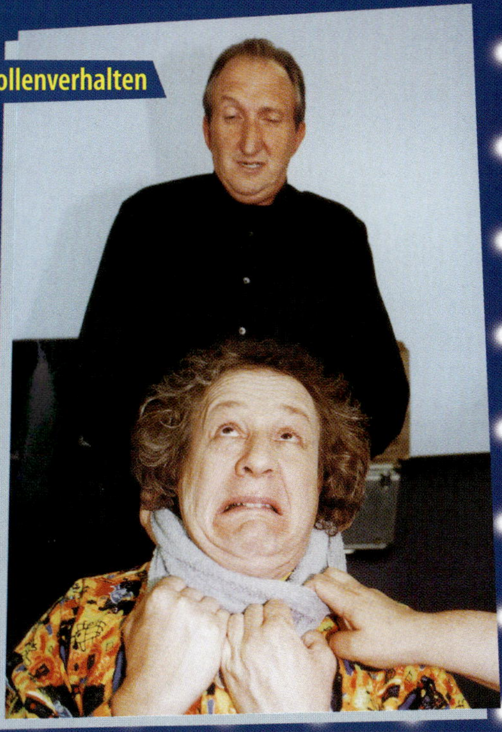

Rollenverhalten

Briefing

Gut gelaunt, gut vorbereitet

Kommt sowieso nicht mehr dran!

# Die Show vor der Show

ohne Worte ...

**Jochen Busse**
Ich begrüße Sie in meiner bekannt liebenswürdigen Art.

# Schröder, Joschka & Co.

## Grundkurs Politik

**Mike Krüger**
Was ist eigentlich der Unterschied zwischen CDU, FDP, SPD und den anderen Parteien? Ich möchte das mal an einem sehr einfachen Beispiel erläutern: Sagen wir mal, ein Bauer hat zwei Kühe. Wir fangen mit dem dümmsten Beispiel an. Ein DVU-Bauer würde beide Kühe schlachten und sie dann aufessen. Ein PDS-Bauer würde beide Kühe dem Staat schenken, und der Staat würde ihm dann die Milch verkaufen. Ein CDU-Bauer hingegen würde eine Kuh verkaufen. Von dem Gewinn würde er der anderen Kuh einen Bullen kaufen. Der SPD-Bauer würde beide Kühe an die Reichen verkaufen, würde dann 50 % Kuhverkaufssteuer bezahlen an den Staat, und der Staat würde dann das Geld den Armen geben. Der FDP-Bauer würde ein Gatter um die Kühe bauen und würde Eintritt nehmen von jedem, der sie sehen will. Und ein grüner Bauer würde natürlich sofort die Kühe freilassen, und dann würde er sich wundern, dass er keine Kühe mehr hat.

**Gaby Köster**

Für uns Frauen ist Politik eigentlich wie Sex. Da wird erst immer viel geredet. Dann geht es rein-raus zum Hammelsprung. Und hinterher fragt man sich: „Du lieber Gott, war das bisschen denn jetzt die ganze Mühe wert?“

## Der Kanzler und die Oma

**Jochen Busse**

Unser derzeitiger Kanzler Gerhard Schröder hat ein Herz für die Rentner. Nach „Wetten, dass …?“ ist er mit Oma Bischoff italienisch essen gegangen. Beim letzten Kanzler hätte es nur Saumagen gegeben.

**Martina Brandl**

Ich finde es nicht gut, wenn ihr das so in den Dreck zieht. Gerhard Schröder hat sich mit der 78-jährigen Frau Bischoff wirklich glänzend verstanden. Und 20 Jahre Altersunterschied zwischen ihm und einer Frau, das ist für Gerhard Schröder völlig normal.

**Bernd Stelter**

Das war vielleicht der größte Erfolg, den Schröder bisher eingefahren hat. Die Kollegen im Kabinett haben auch alle gratuliert: „Super Schröder, das hast du klasse gemacht." Jetzt geht es denen langsam schon ein bisschen auf die Nerven, dass Schröder zu jeder Sitzung mit seinem Wagen ins Kanzleramt fährt. Und er will immer Omas haben. Die Herta Däubler-Gmelin traut sich schon überhaupt nicht mehr, was zu sagen im Kabinett. Die muss nur die Hand hochheben, schon steht Schröder auf und sagt: „Natürlich fahre ich dich nach Hause."

## Diplomaten-Empfang

**Manes Meckenstock**

Habt ihr am Montag dieses Defilee des diplomatischen Korps vor der neuen Bundesregierung gesehen? Ich als Düsseldorfer liebe ja diese Gesellschaftsereignisse. Und Gerhard Schröder starrte die ganze Zeit immer auf einen farbenprächtigen, traumhaften Rock, und da guckten zwei wohlgeformte, sonnengebräunte Beine raus. Bis ihn dann jemand mal zur Seite nahm und sagte: „Herr Bundeskanzler, das ist der Botschafter von Burundi."

## Finanzminister

**Bernd Stelter**

Diese Finanzminister, die heiraten im hohen Alter ganz junge Frauen. Und dann kriegen die plötzlich ganz süße kleine Kinder, und dann wollen die nur noch nach Hause. Wir erinnern uns, vor einem Jahr, da hieß es immer: „Waigel amtsmüde." Dann: „Lafontaine – Rücktritt!"
Und wer wird jetzt Finanzminister? Hans Eichel.

Gerade der smarte Hans Eichel, der „hessische Richard Gere“! Wenn der nach Bonn kommt, der hat doch innerhalb von drei Lesungen die Bundestagsstenotypistin geheiratet, und dann geht's zack, ein kleines Kind – und dann wieder Rücktritt. Da muss sich der Schröder was einfallen lassen. Ich weiß nicht, welchen Tipp ich ihm geben kann. Also, ich war letztens mit unserem Kater beim Tierarzt …

**Rudi Carrell**

Der neue Finanzminister Eichel scherzte bei der Amtsübergabe, jeder, der ihm gratuliert, sollte einen 100-Mark-Schein in der Hand haben. Daraufhin hat Schröder ihm einen 10-Mark-Schein in die Hand gedrückt. Eine gemeine Anspielung auf Oskar Lafontaine. Eine Null weniger.

**Mike Krüger**

Und der Finanzminister Hans Eichel, der ist mir ja erst aufgefallen, als der als Ministerpräsident von Hessen abgewählt wurde. Vorher ist der in der Öffentlichkeit eigentlich nie so richtig zur Geltung gekommen. Ich habe deshalb mal im Lexikon nachgeschaut unter „Eichel“. Und da steht: „Eichel – Bezeichnung für die runde bis eiförmige dunkel- oder rot-braune Frucht der Eiche“. Von „Finanzminister“ steht da kein Wort.

## Die Grünen

### Kalle Pohl

Die Grünen sind ja nicht nur regierungsfähig, die sind auch hoffähig geworden. Jetzt alle im Anzug, mit Schlips und Schampus, haben sie gedacht: Von der SPD kann man schon ein bisschen abgucken. Also von Schröder lernen, heißt ja, nicht mehr Ente fahren, sondern Ente essen.

### Gaby Köster

Früher war der Joschka so ein kleiner runder „Pfundi", und heute ist er ein Realo mit Schwangerschaftsstreifen im Gesicht.

### Manes Meckenstock

Ich bin schon ein bisschen enttäuscht von den Grünen, dass sie ihre Wahlversprechen doch nicht eingehalten haben. Sie haben sich ja sehr stark für die gleichgeschlechtliche Ehe eingesetzt. Und wen heiratet unser Joschka? Dann doch wieder eine Frau.

**Django Asül**

Bei uns in Niederbayern, muss ich sagen: Grüne, das kennt man da gar nicht. Grüne, das ist in Niederbayern mehr so eine Mischung aus Waldmeister und Haschplantage.

## Bayrische Verhältnisse

**Bernd Stelter**

Die CSU gewinnt immer in Bayern. Das hat schon mit den bayerischen Wahlkabinen zu tun. Da hängen die Stifte immer festgezurrt an einem Bindfaden an der Wand. Und die Kordeln, die sind immer sehr kurz. Und die CSU, die steht ja auf dem Wahlzettel immer ganz oben. An die anderen kommt man überhaupt nicht mehr ran.

**Gaby Köster**

Renate Schmidt ist genau die Frau, die die Bayern haben wollen – als Bedienung beim Oktoberfest.

## Ausländer

**Django Asül**

Doppelte Staatsbürgerschaft – dann hast du bald mehr ausländische Inländer als inländische Inländer. Und in 10 Jahren kommen auf einen deutschen Deutschen sieben türkische Deutsche. Und du brauchst nicht glauben, dass die dann eine deutsche Partei wählen. Die wählen dann SPD oder Grüne. Und wer ist dann der Dumme?

Der Bayer, der kriegt wieder kein Asyl! Viele türkische Jungs haben übrigens höllisch Angst vor dieser doppelten Staatsbürgerschaft, weil sie dann befürchten, dass sie in der deutschen Fußballnationalmannschaft spielen müssen.

## Reichstag

**Jörg Knör**

Wenn man bedenkt, wie teuer der Umbau des Reichstagsgebäudes war, dann ist ja schon die Inschrift falsch. Statt „Dem deutschen Volke" müsste es heißen „Vom deutschen Volke".

## 50 Jahre Bundersrepublik

**Jochen Busse**

Rudi, kennst du das Grundgesetz?

**Rudi Carrell**

Ja, natürlich. Das beginnt mit §1 „Allgemeine Regeln".

**Mike Krüger**

Nein, Rudi, das Grundgesetz beginnt mit der Präambel. Was du meinst, ist die Straßenverkehrsordnung.

**Bernd Stelter**

49 Jahre hat die BRD gebraucht, um mitzukriegen, dass man eine Regierung einfach abwählen kann. Nach 50 Jahren fragt man sich: Warum?

**Kalle Pohl**

Liebe BRD, erst hast du ja das Wunder für die Wirtschaft gemacht, dann die Bundeswehr für die Männer und die Pille für die Frauen. Dann konnte jeder eine Partei wählen. Leider war da auch die FDP dabei. Und wenn sich mal einer sehr erregt hat, hast du ihm gleich dein großes Organ, dein Sicherheitsorgan gezeigt. Ja, jetzt brauchst du nur noch den Arbeitslosen eine Stelle zu geben, den Dieter Bohlen zum Vertrauensarzt zu schicken und eine Nasensteuer einzuführen. Dann kannst du meinetwegen 100 Jahre alt werden.

## Bundespräsident

**Gaby Köster**

Stellen Sie sich bitte mal vor: eine Bundespräsidentin Schimpanski. Und dann ein Staatsbesuch in Afrika … Da gibt es ja noch Gegenden, da werden Dinge, die so heißen und so aussehen, gegessen.

**Michael Mittermeier**

Gaby, du hast Recht, ich will auch kein Staatsoberhaupt haben, das Schimpanski heißt. Stell dir mal vor, alle schreien: Ah, Cheetah kommt! Bitte, liebe CDU und CSU, was soll das eigentlich? Signalwirkung für den Osten? Wollen wir die ganzen Klischees wieder aufwärmen – Schimpanse, Banane, Ossi? Was ist eigentlich los, auf was wartet ihr eigentlich, ihr Ossis? Ihr seid frei!!!

**Kalle Pohl**

Johannes Rau, unser neuer Bundespräsident, ist ein bisschen traurig, dass es die Frauen diesmal wieder nicht geschafft haben. Aber er hat versprochen, in fünf Jahren soll es so weit sein. Dann soll auch eine Frau endlich mal die Chance haben, Bundespräsidentin zu werden. Er will sich dann einer Geschlechtsumwandlung unterziehen.

## Europa

**Kalle Pohl**

Das Europaparlament ist ja quasi das Auffanglager für Restbestände aus den Parteizentralen. Das nennt man dann legalisierte Abschiebung bei vollem Lohnausgleich.

**Rudi Carrell**

Was da in Brüssel alles beschlossen wird: In ganz Europa muss die Wassermenge in der Toilettenspülung gleich sein. Oder auch, dass die Betten nur 1,40 m x 70 cm sein müssen.

**Mike Krüger**

Das liegt daran, dass Kalles Schwager auch in dieser Vetternwirtschaft mit drin ist. Aber dass jetzt diese gesamte EU-Kommission zurücktreten muss, nur wegen so ein bisschen Korruption, also das kann ich nicht ganz nachvollziehen. Glauben Sie denn im Ernst, ich würde hier an diesem Tisch sitzen, wenn mein Schwager nicht zufällig Importeur von holländischen Wohnwagen wäre?

CAST
HERRSCHAFTEN...!
RUDI
7 Köpfe
in action!

100
RTL
7
TAGE
GAST
POP
POLIT
KOTZ
TÜTE
gaby
KALLE
FALLE
sigel

# TV und Show

## Nachrichtensprecher

### Bernd Stelter

Nachrichtensprecher sind beliebt. Und der aller-aller-allerbeliebteste ist Ulli Wickert. Das haben die Wickert-Institute gerade letzte Woche herausgefunden. Warum ist der Mann so beliebt? Weil er so ein Frankreich-Liebhaber ist, glaube ich. Er ist ja ein frankophiler Mensch. Er isst Bücher und schreibt Käse … oder umgekehrt.

### Rudi Carrell

Aber gerade die Nachrichten-sprecherinnen wirken am glaubwürdigsten. Zwar geliftet, aber glaubwürdig. Ich meine, früher war es so: Eine neue Nachrichtensprecherin kam. – „Ah, ein neues Gesicht!“ Heutzutage geht Dagmar Berghoff vier Wochen in Urlaub, kommt zurück, macht wieder Tagesschau, und wir sagen: „Ah, ein neues Gesicht!“

### Django Asül

Mein absoluter Favorit ist Nina Ruge. Die lügt ja jeden Tag. Da sagt sie am Ende der Sendung: „Alles wird gut.“ Und was ist? Am nächsten Tag siehst du sie wieder.

## Show-Nachwuchs

**Gaby Köster**

Mit diesen ganzen neuen Shows, da blickt doch wirklich keine Sau mehr durch. Moderiert das jetzt der Reinhold Kock am Beck oder die Ulla Kachelmann? Am besten ist, man schmeißt die ganzen Shows einfach zusammen und dann nennt man das Ganze: „Einer wird die 100.000 mini Pech und Pannen Traumrache gewinnen.“

**Rudi Carrell**

Harald Juhnke macht sich Sorgen um den Show-Nachwuchs. Das ist neu. Bis jetzt haben wir uns immer Sorgen um Harald Juhnke gemacht.
Das stimmt übrigens nicht, dass es keinen Show-Nachwuchs gibt.
Zum Beispiel die vier jungen Entertainer aus England – die singen toll, haben prächtige Kostüme und sind beliebt bei allen Kindern.

**Kalle Pohl**

Meinst du die Spice Girls?

**Rudi Carrell**

Nein, die Teletubbies.

## Talkshows

**Jörg Knör**

Pastor Fliege sollte endlich das Bundesverdienstkreuz kriegen. Das ist vermutlich das einzige Kreuz, das ihn interessiert.

**Gaby Köster**

Mein persönlicher Favorit ist dieser Blondinen-Rambo Birte Krawallnuss. Das Niveau dieser Sendung erklärt sich ja, wenn man weiß, dass Birte die Tochter des deutschen Volvo-Chefs ist. Die kriegt von ihrem Papa immer die Dummies aus diesen Crash-Tests. Und die lädt die sich dann in ihre Sendung ein.
Aber was wirklich sehr traurig ist, wir verlieren den schönsten Mann des Nachmittags. Ilona Christen hört auf.

# Wetten, dass ...?

**Rudi Carrell**
Kalle, welche Wette würdest du bei Gottschalk abschließen?

**Kalle Pohl**
Ich würde wetten, dass ich unter allen Playboy-Girls aus den letzten 50 Ausgaben nur durch Betasten der Brüste das Playmate Juli 1996 erkennen würde.

**Rudi Carrell**
Kannst du das wirklich?

**Kalle Pohl**
Nein, aber wann hat man sonst mal die Gelegenheit?

**Mike Krüger**
Ich würde da so gerne mal eine Wette einreichen. Ich habe mir eine ganz tolle Wette ausgedacht.
„Ich wette, – Tommy sieht das ja vielleicht – dass ich mit einem deutschen Bundeswehrpanzer über 10 holländische Wohnwagengespanne springe.“

**Rudi Carrell**
Moment, das geht doch nicht.

**Mike Krüger**
Ja genau.

## Michael Jackson

### Kalle Pohl

Michael Jackson hat auch eine Wette angeboten. Er hat gewettet, dass er innerhalb von drei Minuten bei 50 Kindern nur durch Abtasten herausbekommt, ob das Mädchen oder Jungen sind.

### Bernd Stelter

Haben Sie gesehen, wie langsam der Michael Jackson sich bewegt? Der fällt sonst auseinander. Der spendet Organe beim Spazierengehen. Und wenn der tanzt, dann fliegen die Fetzen.

### Anka Zink

Die Nase von Michael Jackson ist ja eher wie die Nase von der Sphinx, also ab. Und deswegen greift der sich auch immer in den Schritt, um zu gucken, ob sie noch da ist.

### Rudi Carrell

Mike, vorige Woche warst du neben Michael Jackson auf der Couch. Und heute Abend ist er hier bei uns. Er hat gehört von deiner schrecklichen Kindheit. Und er hat ein Geschenk für dich. Es geht um deine Nase. Er hat auch mal was mit seiner Nase machen lassen. Und er meint, es wird dringend notwendig, dass du das auch machst. Sein Schönheitschirurg wartet im Krankenhaus schon, um für dich eine neue Nase zu machen.

**Natürlich war nicht wirklich Michael Jackson bei „7 Tage – 7 Köpfe“. Aber: Wer hat ihn bei uns gedoubelt???**
**(Die Auflösung haben wir in den Kurzbiografien ab Seite 102 versteckt)**

# Grand Prix

**Gaby Köster**

27 von 30 Schulkindern können nicht mal eine einfache Melodie nachsingen. Jetzt frage ich mich: Wenn die groß sind – warum müssen wir immer ausgerechnet die jedes Jahr zum Grand Prix schicken?

**Bernd Stelter**

Was wir nächstes Jahr brauchen, ist die Truppe der glorreichen Sieben. Ich muss dringend mal mit Ralf Siegel

telefonieren. Die Operation heißt: Wir holen den Grand Prix nach Hürth-Kalscheuren. Und da hätten wir gewaltige Chancen. Sürpriz, das war eine türkische Gruppe, die hat ein Lied über Israel gesungen – zack 12 Punkte aus der Türkei, 12 Punkte aus Israel. Was könnten wir da nicht alles reißen? Alle Holländer wählen uns, alle kleinen Menschen – das heißt 12 Punkte aus Italien, 12 aus Spanien, 12 aus Griechenland. Alle Übergewichtigen, und selbst der distinguierteste Engländer wird doch bei Jochen Busse vom Stuhl fallen vor Begeisterung. Wenn wir dann noch ein Lied in skandinavischer Sprache über die Radtour in Frankreich singen, ist die Kuh doch vom Eis.

Doktor Stratmann

Ich glaube, dieser Grand Prix wird unsere Kirchenfürsten jetzt begeistern. Die Lieder wurden immer religiöser, fast Kirchenlieder. „Take me to heaven“ oder „Reise nach Jerusalem“. Der Vatikanstaat überlegt jetzt, den Papst, Bischof Dyba und den Kardinal Meisner als Boygroup nächstes Mal auch dahin zu schicken.
Interessant war ja auch, dass die Holländer jetzt Deutschland die höchste Punktzahl gegeben haben. Endlich mal ein Dank unserer Nachbarn für Millionen von Punkten, die wir deinen Landsleuten, lieber Rudi Carrell, in Flensburg seit Jahren gutgeschrieben haben.

## Marianne & Michael

**Mike Krüger**

Hat sich eigentlich schon mal jemand gefragt, wie Marianne und Michael wohl mit Nachnamen heißen? Die heißen natürlich, wie alle aus dem Mutantenstadl, Moik. Marianne und Michael Moik!

**Kalle Pohl**

Mein Vetter Hein Spack, der ist ein großer Verehrer von Marianne & Michael.
Der schreibt auch regelmäßig Fan-Post. Also, er diktiert, und ich schreibe das dann.
„Liebe Marianne, ich heiße Hein. Und du?
Pass mal auf, Marianne, der Michael ist nämlich ein Arschloch und 'ne dumme Sau sowieso. Der geht doch fremd. Und du?
Wenn du im Fernsehen singst, Marianne, dann kann ich nicht mehr an mich halten, dann brauche ich keine 0190-Nummern mehr.
Und dem Michael kannst du sagen, wenn der noch einmal mitsingt, dann soll der gefälligst die Schnauze halten, weil der singt nämlich wie eine dumme Sau, die dumme Sau. Dein Hein."

# Verona Feldbusch

## Rudi Carrell

Der Playboy hat Verona eine Viertelmillion geboten für Nacktfotos. Aber sie hat's abgelehnt – sie will mindestens 100.000 Mark.

## Bernd Stelter

Dieter Bohlen wird nie wieder heiraten. Er hat zu Verona gesagt: „Möchtest du ein zweites Mal meine Frau werden?“ Und sie hat gesagt: „Nee, da musst du dir eine Dümmere suchen.“

## Michael Mittermeier

Ich finde es ein bisschen fies, wie alle lästern über Verona Feldbusch. Ich meine, was soll's? Einmal gut gefickt, schon eine eigene Sendung. Ich finde das klasse. Überleg mal, da poppst du dein Leben lang. Und? Nichts! Verona ist für mich wie so ein güldenes Fußkettchen. Hübsch, aber sinnlos. Das ist schön, wenn es dran ist. Man bleibt mal dran hängen. Und wenn's abgeht, ist's schade.

Diese Produktionsfirma von „Peep“, die wollten Verona ja nicht raus lassen aus dem Vertrag. In der Bild-Zeitung stand, dass die Firma gesagt hat: „Auch wenn wir den Vertrag nur mündlich verlängert haben.“ Da zählt halt ein Zungenschlag noch was.

# Kai Pflaume

„Rache ist süß!“

## Rudi Carrell

Ich habe ein Problem. Weil ich sehr oft Witze mache über Kai Pflaume, kriege ich viel Post. Ich lese mal einen Brief vor: „Lieber Herr Carrell, ich habe Sie immer sehr geschätzt, aber in Sachen Kai Pflaume gehen Sie zu weit. Vor ein paar Wochen haben Sie ihn ein junges, gut aussehendes, charmantes Arschloch genannt. So haben Sie wohl jede Woche irgendeine miese Bemerkung über ihn.“ Also, ich möchte mich bei den Fans von Kai Pflaume entschuldigen. Die können nichts dafür! Aber was Kai Pflaume angeht, möchte ich eigentlich ehrlich sagen, dass es manchmal Momente gibt, wo ich denke: Na ja, muss das nun sein … ?“

# Dieter Thomas Heck

## Jochen Busse

Der Erfinder der hektischen Sprechweise, Dieter-Thomas Heck, ist – wer hätte das gedacht? – erst 30 Jahre im Deutschen Fernsehen tätig. Er ist der große Kämpfer für den deutschen Schlager und damit der deutsche Liebling aller Deutschen über 60.

## Bernd Stelter

Geboren wurde der Dieter, der Thomas, der Heck
irgendwie, irgendwann, irgendwo
am Tag, als Conny Kramer starb,
unter 7 Brücken,
in einem alten Haus in Rocky Docky
nachts um halb eins.
Und schön war es, auf der Welt zu sein,
kein Wunder bei den Eltern!
Die Mutter,
Marianne Roos-enberg,
arbeitete in der kleinen Kneipe in
unserer Straße.
Der Vater,
Michael Holm-pendale,
war der Babysitter von der
ganzen Stadt.
Ein ausgebildeter Küchen-
Junge mit der Mundharmonika,
hat er dem Prinzen immer wieder
Lieder der Nacht vorgespielt.
Und irgendwie lag etwas in der Luft.
Und zwar Musik.
Da sahen Marianne und Michael
ihre Schanze.

Rucki Zucki
begann sein kometenhafter Aufstieg.
Neue Männer braucht das Land.
Und er flog noch viel höher, unser kleiner Freund.
Seine beispiellose Karriere dauert nun schon
60 Jahre, und kein bisschen weiße Rosen aus Athen
sind ihm jemals überreicht worden.
Danke schön, du warst bezaubernd, danke schön.
Er hört es selten genug von seinen väterlichen Freunden
Bernd Stelter Clüver, Rex Gildo und Caterina Valente.
Dabei sollte es gerade für ihn rote Rosen regnen,
und ich frage mich, wo die Blumen sind.
Die Antwort weiß wohl ganz allein der Wind.
Lieber Thomas, lieber Dieter, lieber Heck,
es ist noch nicht die Zeit,
im knallroten Gummiboot
den Fischern von San Juan zuzusehen.
Ich weiß, du hast mir oft beim griechischen Wein erzählt,
unter der roten Sonne von Barbados
findest du ein bisschen Frieden.
Nein, wenn du denkst, du denkst,
dann denkst du nur, du denkst:
Abschied ist ein scharfes Schwert.
Alles hat ein Ende. Nur die Wurst hat zwei.
Ich möchte dir zurufen:
Congratulations!
Merci Cherie!
Du bist ein Wunder!
Und die Wanne ist noch
lange nicht voll.
Ich hoffe, wir hören
dich noch oft sagen
„Hello again“.

## Werbung

**Gaby Köster**

Ein klarer Fall von Betrug ist für mich die Werbung von E-Plus. Ich habe mal von denen so ein Handy auseinander geschraubt. Von wegen, da ist die Grundgebühr schon drin. Keinen Pfennig habe ich gesehen.

**Bernd Stelter**

Wenn man als Prominenter mal einen Werbespot gehabt hat und wenn der gut geklappt hat, kriegt man automatisch den Nächsten. Das ist dann so wie bei Oliver Bierhoff, der macht jetzt Werbung für alles. Letztens habe ich einen Werbespot gesehen für Krönung light. Da kommt eine bildschöne Frau mit einem BH, farblich passend zur Kaffeemaschine, geht die Treppe runter und – ich war total überrascht: Es war gar nicht Oliver Bierhoff!

**Kalle Pohl**

Einmal hat es beinahe geklappt, da sollte ich Werbung für ein Verhütungsmittel machen, für Palmin.

**Rudi Carrell**

Moment mal, Palmin, das ist doch kein Verhütungsmittel. Das ist doch ein Bratfett.

**Kalle Pohl**

Ach so? Ich dachte, weil es immer heißt: „… schließt die Poren und hält den Saft zurück.“

# Was geschieht in der Werbepause

Zeichen verabreden

Publikum einweisen

Nase putzen

Tief durchatmen

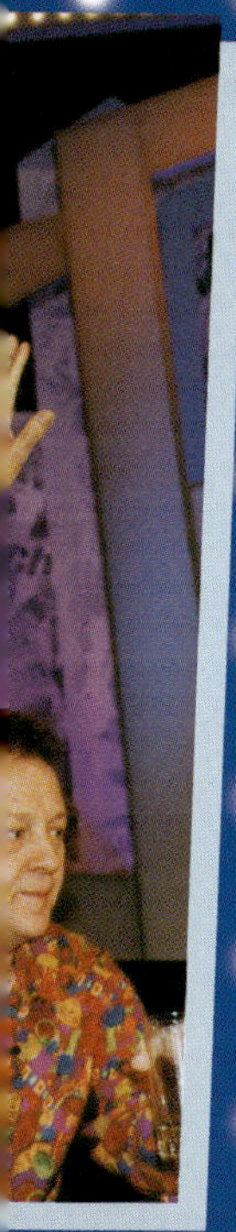

... und trinken

Themenfolge ändern

# Sport

## DFB-Präsidium

### Bernd Stelter

Das DFB-Präsidium hat einen Forderungskatalog an die FIFA gerichtet:

1. Auf den Ehrentribünen sollen bequeme Parkbänke mit Heizung installiert werden.
2. Die Bierstände müssen auch Doppelherz ausschenken.
3. Die Halbzeitpause soll von 15 auf 45 Minuten verlängert werden. Sonst kommt das Präsidium mit dem Pinkeln nicht hin.

### Mike Krüger

Der Vorgänger von Ägidius Braun, Hermann Neuberger, ist ja auch uralt geworden. Als der damals gestorben ist, da ist zufällig am selben Tag auch der Bischof von Frankfurt gestorben. Und da kamen beide in den Himmel, und der Petrus sagte:

„Tach, Bischof!“ Und zum Neuberger sagt er: „Mensch Neuberger! Super! Wahnsinn! Unglaublich, dass du hier bist! Komm rein.“ Sagt der Bischof: „Hör mal, Petrus! Ich bin immerhin der Bischof von Frankfurt. Bei mir sagst du nur: Tag! Und bei dem Neuberger, da rastest du aus? Wieso?“ Sagt der Petrus: „Ja, Bischöfe haben wir oben hunderte. Aber wann stirbt schon mal einer vom DFB?“

## Champions League

### Willy Astor

Ich bin zufällig an Geheiminformationen gekommen, wie TM 3 die Champions League übertragen will: Inge Meysel soll als Chefreporterin mit Verona Feldbusch live kommentieren. Und Frau Dolly Buster erklärt Claudia Nolte in der Pause, dass so ein Fußballer Dinge tun muss. Weil jeder Mann froh ist, wenn er einen Freistoß kriegt. Und dann kann es schon ab und zu mal vorkommen, dass die Latte mit ins Spiel kommt. Jeder sieht am Beispiel TM3, jetzt mal Spaß beiseite, dass am Ende nur die Kohle zählt von Murdoch. Nicht der Sportgedanke, wie es sein sollte. Danke. Jetzt habe ich für Sie dieselbe Geschichte noch einmal, ohne ein einziges Wort zu verändern, jetzt allerdings in Reimform:

Inge Meysel soll als Chc
freporterin, mit Ve
rona Feldbusch live ko
mmentieren und Frau Do
lly Buster erklärt Clau
dia Nolte in der Pau
se, dass ein so ein Fuß
baller Dinge tun muss.
Weil jeder Mann ist froh,
wenn er einen Freisto
ß kriegt. Und dann kann es schon
ab und zu mal vorkom
men, dass die Latte mit
ins Spiel kommt. Jeder sieht
am Beispiel TM3,
jetzt mal Spaß beisei
te, dass am Ende nur
die Kohle zählt von Mur
doch, nicht der Sportgedanke,
wie es sein sollte. Danke.

## Michael Schumacher

**Gaby Köster**

Was macht der Schumi eigentlich nach dem Ende seiner Rennfahrer-Karriere? Gut, er kennt sich aus im Kreisverkehr. Also wird Schumi Busfahrer in Kerpen und macht da die Stadtrundfahrten.

**Mike Krüger**

Er könnte aber auch bei Rudi im Wohnwagen putzen. Da würde er den ganzen Tag hinter einem Mercedes herfahren. Und damit kennt er sich ja gut aus.

## Steffi Graf

**Kalle Pohl**

Dieses Comeback von Steffi Graf ist sensationell! Die hatte ja zwischen 1981 und 1998, in all den Jahren, sage und schreibe: eine Nasenoperation, blockierter Kiefer, Hitzschlag, Anriss der Rotatorenmanschetten – Rotatorenmanschetten, das Wort muss man erst mal kennen – eingeklemmte Sehne, Daumenbruch, rausspringende Wirbel – allein die Arbeit, um die wieder einzusammeln …
Es geht aber noch weiter: Muskelfaserriss am Bauch, angerissene Gelenkkapsel, Überbein, eingewachsener Zehennagel, Bänderdehnung am linken Fuß, Operation der Knochen usw. usw.
Da fragt man sich: „Wer spielt da Tennis? Steffi Graf oder Hildegard Knef?“

# Eishockey

## Gaby Köster

Meine Oma Finchen, die hat es nicht mit den Seniorennachmittagen, die ist absoluter Eishockey-Fan. Letztens war sie beim Heimspiel bei den Kölner Haien.
Da saß sie dann da, ein lecker Butterbrötchen dabei, und neben ihr der Sitz war leer. Da hat der andere Sitznachbar gefragt: „Sind Sie ganz alleine hier?“
Sagt sie: „Wissen Sie, der Sitzplatz ist von meinem verstorbenen Mann. Der kann ja nun wirklich beim besten Willen nicht mehr mitkommen.“
Sagt er: „Du liebe Zeit, dann sitzen Sie ja ganz alleine hier. Haben Sie denn keine Verwandten oder Kinder oder Enkelchen, denen Sie die Karte schenken können?“
Da sagt sie: „Nein, das habe ich versucht. Aber die wollten alle mit zu der Beerdigung.“

# Gekrönte und ungekrönte Häupter

## Prinz Charles

### Gaby Köster

Prinz Charles ist 50 und hat immer noch keinen Job. Das kennt man sonst nur von Soziologie-Studenten. Vor lauter Frust fängt der morgens früh schon an, deutsches Bier zu trinken. Man kennt das ja aus der Werbung: „Heute ein König.“ Und darauf wartet der.

### Bernd Stelter

Immer, wenn die Queen hustet, rennt Charles nach nebenan und probiert die Krone auf. Aber Margret, das ist ja Charly's Tante, die sagt immer: „Brauchst du nicht probieren, die rutscht dir nicht über die Ohren.“

# Die Grimaldis

## Kalle Pohl

Ich war diese Woche bei meiner Tante Mimi. Die ist ja immer auf dem Laufenden, und die war wieder richtig gut drauf. „Du liebe Zeit, was ist das doch ein Elend in Europa, vor allen Dingen in Monaco! Keine Kirche will die arme Caroline mit Ernst-August verheiraten. Nur, weil sie katholisch ist und er evangelisch. Wo ist denn da der Unterschied? Gut, sicher, beim evangelischen Pfarrer hängt die Kinderwäsche im eigenen Garten, beim katholischen in der ganzen Gemeinde."

**Gaby Köster**

Also mir ist aufgefallen, irgendwie hat das komplette Fürstenhaus ja ein komisches Verhältnis zu Kraftfahrzeugen. Angefangen bei Grace Kelly, die fährt immer Kurven, wo keine sind. Die Töchter kommen ständig unter die Haube. Der Vater sieht aus wie frisch beim TÜV durchgefallen. Und der Sohnemann Albert ist das bekannteste Cabrio der Stadt. Der hat so wenig Haare, da kannst du nur noch den Kolben frisieren.

**Django Asül**

Was ich auch noch nie verstanden habe: Wie ist das jetzt mit dieser Stephanie? Kriegt die jetzt pro Kind einen Leibwächter oder pro Leibwächter ein Kind?

# Fürchterliche Kindheit?

**Wer ist wer?**
**Die Auflösungen haben wir in den Kurzbiografien ab Seite 102 versteckt.**

Revue-Girl

Geburtsort: Ulm

Fliege statt Brosche

Gewicht gehalten

Pullover!!!

Dreikäsehoch

Ludger

Debüt als Hund

Geblümter Kopfschmuck

Frauentyp

Gebirgsgämse a. D.

Niederbayer

Der Kandidat

# Schule und Beruf

## Klassenbuch

**Kalle Pohl**

Ich hatte in Ordnung eine 1, in Fleiß 1, in Betragen 1 und in Mitarbeit 1.

**Rudi Carrell**

Die ganze Schulzeit?

**Kalle Pohl**

Nein, nur so lange, bis mein Vater die Garage vom Direktor fertig gebaut hatte. Später sind meine ganzen Zeugnisse leider ein Raub der Flammen geworden. Obwohl die Dinger erst gar nicht brennen wollten …

**Jörg Knör**

Für die gleichen Kaspereien, für die ich damals die Einträge im Klassenbuch hatte, gibt's heute Einträge auf dem Sparbuch. Und das finde ich eigentlich auch eine wunderbare Reihenfolge. Ich sage immer: Erst mache ich das Abitur nach und dann die Stimme von Inge Meysel.

**Anka Zink**

Eine fortschrittliche und moderne Mathe-Textaufgabe hört sich heute ungefähr so an: Du bist dabei zu kochen. Es soll Nudeln mit Spinat geben. Du hast aber nur noch die Reste von drei Nudelsorten im Schrank. Die Spaghetti brauchen 8 Minuten, die Penne Rigati 10 Minuten und die Tortellini aus dem Aldi 12 bis 14 Minuten. Es ist 19.24 Uhr. Das Wasser kocht. Wenn du jetzt die Penne rein tust, wann musst du den Spinat aus dem Gefrierfach holen, damit alles fertig ist, wenn „Gute Zeiten, schlechte Zeiten“ anfängt?

## Jugend forscht

**Anka Zink**

Ich habe mich schon in frühester Jugend mit sozialen Fragestellungen beschäftigt. Zum Beispiel: Wie viele Klassenbucheinträge braucht man, um von der Schule zu fliegen?
Ich habe damals auch geglaubt, „Jugend forscht“ wäre ein anderes Wort für Petting.

**Kalle Pohl**

Mein Neffe hat im Schlafzimmer seiner Eltern eine Videokamera aufgestellt und gleichzeitig unter der Matratze einen Sensor deponiert. Der war so eingestellt, dass er bei speziellen Bewegungen auf der Matratze über einen Lichtstrahl den Videorecorder in Gang setzte. Nun gut, er hat keinen Preis dafür gekriegt, aber immerhin eine dicke Taschengelderhöhung – gegen Herausgabe der Kassette.

**Rudi Carrell**

In meiner Nachbarschaft wohnt auch so ein Wunderkind. Er entwickelt gerade elektronische Fensterheber für Windows 98.

**Bernd Stelter**

Man kann es mit „Jugend forscht" auch wirklich übertreiben. Der Sohn meines Nachbarn kam letzte Woche erst um halb 2 nach Hause, und der Vater war natürlich ausgesprochen sauer. Aber der Junge hat gesagt: „Papa, ich habe heute meinen ersten Geschlechtsverkehr gehabt." Hat der Vater gesagt: „Oh, mein Sohn, das ist natürlich ein wichtiger Tag in deinem Leben. Komm, wir trinken einen Cognac. Setz dich hin." Sagt der Sohn: „Papa, Cognac trinken ist o.k., aber sitzen …."

# Lügendetektor

**Rudi Carrell**
Mike, hast du eigentlich wirklich etwas gegen Holländer?

**Mike Krüger**
Nein, ganz im Gegenteil.
Ich liebe unsere niederländischen Mitbürger.

# Computer

**Michael Mittermeier**

Die Computer-Sprache ist so kompliziert. Man müßte auf's Bayerische wieder ein bisschen zurück. „Windows" ist dann „fensterln", und statt „Enter" heißt es „paßt scho". Das ist eine einfache Sprache!

**Jochen Busse**

Das größte Problem für den Computer wird die Jahrtausendwende sein, weil alle Computer eigentlich nur bis 1999 gehen, und weiter geht es nicht.

**Rudi Carrell**

Was kann da schon passieren? Im Jahr 1000 ist auch kein einziger Computer abgestürzt.
Ich habe übrigens so einen Taschencomputer, der geht bis 2099. Ich habe schon alle Termine von „7 Tage – 7 Köpfe“ eingegeben.

**Bernd Stelter**

„Vater Microsoft, der du bist auf der Festplatte, geheiligt werde dein Windows! Dein Update komme! Dein Absturz geschehe – wie in Windows also auch in Office! Unser täglich Internet gib uns heute! Und führe uns nicht zu Apple, sondern erlöse uns von dem Pentium! Wie auch wir vergeben unserer Telekom. In Ewigkeit. Enter.“

## Arbeitsmarkt

### Anka Zink

Ich kann mich ungeschickt bewegen, auswendig lernen und auf Kommando ein dummes Gesicht machen. Aber gehen Sie mal mit der Qualifikation zum Arbeitsamt! Gestern kommt mein Freund nach Hause und sagt, er hat eine neue Stellung gefunden. Ich sage: „Prima, hättest du dich besser mal um einen Job gekümmert."

### Bernd Stelter

Das Bündnis für Arbeit hat in Bonn getagt. Und man muss wirklich sagen, es bringt gewaltig was für die Arbeitsplätze. Die haben gleich beim ersten Treffen in Bonn den „Münsterplatz", den „Beethovenplatz" und den „Berta-von-Suttner-Platz" umgetauft. Die heißen jetzt alle „Arbeitsplatz", das sind schon mal drei.

**Mike Krüger**

Gerade in Norddeutschland gibt es sehr erfolgreiche Unternehmerinnen. Frauen, mit denen ich viel zu tun habe, Beate Uhse zum Beispiel.
Aber es klappt nicht immer. Eine Bekannte von mir hat in Quickborn ein Blumengeschäft eröffnet, war aber kurze Zeit später wieder pleite. Okay, von Geschäftsinn kann man da eigentlich nicht sprechen. Zum Beispiel: Muttertag hatte sie zu.

## Arbeits-Jargon

### Jochen Busse

Wenn ein Lufthansa-Ingenieur statt „wings“ „Flügel“ sagt oder statt „engines“ „Triebwerke“, dann führt das zur Kündigung, mindestens zur Abmahnung. Also, wer bei der Lufthansa sich so ausdrückt, dass es jeder versteht, der fliegt.

### Bernd Stelter

Eine Freundin von mir, die arbeitet bei der Lufthansa. Und die sagt das ja auch. Also, die ist jetzt keine Bord-Stewardess, sondern mehr so ein Huhn aus der Bodenhaltung. Die sagt, das ist so schlimm mittlerweile mit dieser Englisch-Sprecherei. Ihr Chef heißt Peter Hahn, und der nennt sich nur noch Cockpit, weil er Angst hat, er fliegt sonst.

**Rudi Carrell**

Aber manchmal ist ein englisches Wort eleganter als ein deutsches. Ich kenne zum Beispiel eine Frau, die behauptet, sie geht jeden Abend „on-line“. Das klingt viel schöner als: „Ich gehe jeden Abend auf den Strich.“

**Kalle Pohl**

Ich finde diese neuen Bezeichnungen auch total übertrieben. Zum Beispiel das Wort „Tontechniker“. Früher sagte man einfach „Töpfer“.

## Taxifahrer

**Kalle Pohl**

Ich kann nicht verstehen, dass jetzt die Taxifahrer besser ausgebildet werden sollen. Warum? Die meisten haben doch schon 36 Semester studiert.

Gaby Köster

Der kölsche Taxifahrer redet ja ununterbrochen. Ich habe mich schlafend gestellt. Aber der Typ hat wirklich permanent versucht, das Gespräch in Gang zu halten – in Form von:

„Hör mal, Mädchen, dieser Rudi Carrell, der muss ja uralt sein. Ich habe ja gehört, als der jung war, da war das Tote Meer noch krank."

Nicht nur das. Manchmal bescheißen die einen auch regelrecht. Neulich habe ich eine dicke Rechnung bezahlt, und hinterher habe ich gedacht: „Moment mal, seit wann muss man in Köln fünf Flüsse überqueren?"

# Verkehr

## Tempolimit

**Rudi Carrell**

Vor der Wahl haben die Sozis gesagt:
„Es muss in Deutschland wieder voran gehen."
Und das Erste, was sie machen, ist ein Tempo-Stopp.

**Jörg Knör**

Der SPD kommt ja dieses Tempolimit nur gelegen, denn Schröder kann mit den vielen neuen Verkehrsschildern beweisen: In roten Kreisen schreibt man schwarze Zahlen.

**Kalle Pohl**

Meinem Nachbarn Wickerath ist ja Tempo 30 noch viel zu viel. Der plädiert für Tempo 10. Der sagt: „Tempo 30, wissen Sie, was das heißt? Ich habe das ausgerechnet. Sie dürfen in einer geschlossenen Ortschaft 30.000 Meter pro Stunde durchrasen. Das sind 15.000 Zollstöcke aneinander gelegt. Das ist 83 Mal der Kölner Dom übereinander gelegt. Das sind 30 Millionen Tonnen, das sind 30 Mega-Tonnen, das ist das 16,4-fache von der Hiroshima-Bombe. Damit fahren Sie in einer geschlossenen Ortschaft! Ja, sind Sie denn wahnsinnig geworden?"

# Die Deutsche Bahn AG

**Anka Zink**

Kennen Sie das, wenn Sie mal zu spät waren und müssen im Zug eine Fahrkarte nachlösen? Da kommt dann der Schaffner mit so einem sperrigen elektronischen Gerät mit Tasten, und oben drauf ist so ein Display wie vom Nordmende-Fernseher, also so was Prähistorisches. Früher dachte ich immer, das Ding wäre ein Gameboy aus der DDR.

**Rudi Carrell**

Verspätungen bei der Bahn hat es eigentlich immer schon gegeben. Ich bin mal von Bremen nach München gefahren und sofort zurück. Hin mit einem Junior-Ticket und zurück mit einem Senior-Ticket.

## Mike Krüger

Ich weiß nicht, ob Sie das wissen, ich hatte ja eine fürchterliche Kindheit. Ich wäre mit 12 Jahren fast bei einem Schulausflug im Dezember mit all meinen Mitschülern auf dem Bahnhof in Quickborn erfroren. Weil unser Klassenlehrer, der hatte erst nach acht Stunden auf diesem bitterkalten Bahnhof zu dem Bahnhofsvorsteher gesagt: „So, und in den nächsten Zug steigen wir ein, egal was passiert. Und wenn der 1000 Mal nur Wagen für die 1. und 2. Klasse hat.“ Wir waren damals in der Vierten …

# Geldverkehr

## Kalle Pohl

Ich bin letztens mit meinem Köfferchen nach Luxemburg, ganz unauffällig in die Bank rein, zum Angestellten am Schalter und sage: „Ich möchte gerne eine Million einzahlen.“ Sagt der zu mir: „Sie müssen gar nicht flüstern, Armut ist keine Schande.“

## Jochen Busse

In Holland hat ein Mann, der seine Zeche nicht bezahlen konnte, in einer Gastwirtschaft ein Pfand da lassen müssen. Und das war ein Gebiss. Wenn das Schule macht … Die beliebteste Gebissträgerin in England, das ist die Queen-Mum, die hat allein 12 Millionen Mark Schulden. Das bedeutet, dass jeder Einzelne ihrer dritten Zähne 400.000 Mark wert ist.

**Rudi Carrell**

Ja, die Idee mit der Zahnwährung ist nicht neu.
In Schweden zahlen die schon seit Jahren mit Kronen.

**Mike Krüger**

Mein Vater hatte an Weihnachten auch nie ein Gebiss im Mund. Aber nicht wegen irgendwelcher Schulden, sondern meine Mutter brauchte das zum Plätzchen-Ausstechen.

# Hygiene und Medizin

## Wasserverbrauch

### Bernd Stelter

Wir müssen weniger Wasser verbrauchen! Stellen wir uns mal vor: Wenn wir nicht mehr genug Wasser haben, dann können die Leute nicht mehr schwimmen lernen. Und ganz viele würden ertrinken.

### Kalle Pohl

Ich habe meinen Vetter Hein Spack gefragt, was er vom Wassersparen hält.
„Ja, was ist los, dumm' Sau? Jetzt soll ich auch noch Wasser sparen? Ja, leck mich am Arsch! Soll die Feuerwehr demnächst mit Löschpapier ausrücken? Soll ich die Briefmarken mit dem Elektrotacker dran knallen? Und was ist mit meinem Einlauf? Mach' ich den mit Mega-Perls oder was?"

**Anka Zink**

Eine Allensbach-Umfrage besagt: Wohlbefinden bei der Körperpflege empfinden vor allem Frauen zwischen 45 und 59 und junge Männer unter 30. Also ich glaube, da ist irgendwie ein Schreib- und Tippfehler drin. Der Satz muss heißen: Wohlbefinden empfinden Frauen zwischen 45 und 59 bei der Körperpflege durch junge Männer unter 30.

## Fortschritt

**Gaby Köster**

Man muss ja sagen, dass die Medizin sich wahnsinnig weiterentwickelt hat. Also, ich meine, wenn früher einer Kopfschmerzen hatte, so um 2000 vor Christus, dann hat man immer gesagt: „Hier, kau diese Wurzel."
1900 hat man dann gesagt: „Nein, die Wurzel ist nichts. Hier, nimm mal die Tinktur."
1950 hat man dann gesagt: „Nein, die Tinktur, ich weiß es nicht. Nimm mal lieber hier dieses Antibiotikum."
Und heute sagt man: „Antibiotikum, das ist doch künstlich. Kau hier bitte diese Wurzel."

# Genüsse

## Kulinarisches

### Mike Krüger

Ich koche ganz gerne, eigentlich nur so zum Spaß. Das Essen holen wir dann immer von McDonalds. Ja, Kochen ist nicht einfach. Ich habe letzte Woche zwei Stunden lang versucht, eine Gans zu füllen. Ich war nachher so sauer, ich hätte die umbringen können.

### Rudi Carrell

Ich war neulich mit Gaby essen, beim Italiener. Wir haben Makkaroni bestellt. Da konnte sie beim Essen durch die Löcher weiter quatschen.

**Gaby Köster**

Ich koche nie! Aber ich habe da einen Trick: Pizza-Taxi. Wenn ich nachts aus meiner Stammkneipe rausfalle, dann gehe ich immer nebenan direkt zum Pizza-Taxi. Und dann sage ich immer: Ich hätte gerne für Köster eine Pizza Margherita, Neusser Straße 10. Am besten ist, Sie nehmen mich direkt gleich mit. Ja, da kommt man für 8,90 Mark nach Hause und hat noch etwas Leckeres zu essen.

**Willy Astor**

Ich stelle mir das in meiner Phantasie total erotisch vor, wenn sich zwei Nudeln lieben. Die eine Nudel ist der Toni aus Riga, also der Rigatoni. Und die andere Nudel heißt Liatelle. Und dann sagt der Rigatoni:

„Tag, Liatelle, sag mal, kann das sein, dass die Sachen, die da bei dir herunterhängen, dass die gestern noch Teig waren?" Worauf sie sagt: „Jetzt schauen wir erst mal, ob dein Weizen hart wird." „Ach," sagt der Rigatoni, „jetzt lass dich doch von meiner Nudel nicht abschrecken." Und dann küsst er ihre dünnen, kleinen Beine, die so genannten Fussili, und meint: „Ich freue mich so, wenn ich jetzt gleich mit dir penne." „Hey," sagt sie, „ich glaube, du bist ein ganz arrabiata."

## Grillen

**Rudi Carrell**

Kennt ihr die drei Stufen des Grillens? –
Erstens: Es ist durch.
Zweitens: Es kann noch ein bisschen.
Drittens: Schmeiß weg!

**Mike Krüger**

Letzte Woche roch es auch bei uns plötzlich so nach verbrannten Fleisch. Mein Gott, grillen die schon wieder, dachte ich. Dabei hatte unsere Nachbarin nur einen falschen Sonnschutzfaktor aufgetragen und war dann auf der Gartenliege eingeschlafen.

**Michael Mittermeier**

Für mich ist grillen nicht grillen, sondern ein Krankheitszustand. Da mutieren die Männer plötzlich jedes Jahr. Die ersten warmen Tage – und die Männer rufen: Ah, Schatz, schlachte die Sau! Grill-Man ist zurück! Ich bin es! Der Gott des rohen Fleisches hat wieder ein Wort gesagt. Der Biolek aller Käse-Griller!
Meine Würstchen – die Nouvelle Cuisine!
Wie sie auch alle meinen, dass sie mit Spiritus umgehen können. So wie damals: Feuer! Der erste Blitzeinschlag bei den Neandertalern --- Grillen!
Das ist Sommer, wenn die Griller zirpen und schreien, wenn Kinder verbrennen:
Schatz, hol die Kamera, hey!

**Gaby Köster**

Das Allerschlimmste ist, wenn die Kerle dann anfangen, das Fleisch mit Bier zu besprenkeln, und zwar mit dem, was sie schon getrunken haben.

## Rauchen

**Gaby Köster**

Wenn man heutzutage auf eine Fete geht, dann herrscht da immer öfter Rauchverbot. Also, das sind Super-Abende. Dann steht man so mit 20 Mann auf einem Zwei-Quadratmeter-Balkon und friert sich die Heckwannen weg. Und drinnen sitzen die beiden Gastgeber und öden sich an.

**Doktor Stratmann**

Das Ärgerlichste beim Rauchen ist für mich, dass die Kippe im Klo immer drei Tage rumschwimmt. Da fällt man als Toilettenraucher sofort auf.

**Mike Krüger**

Als Rudi in der Zeitung gelesen hat, dass Rauchen ungesund ist, da hat er sich spontan das Zeitunglesen abgewöhnt. Aber der Autobahnabschnitt bei Bremen ist der bestgeteerte in Deutschland. Weil Rudi da morgens öfters mal aus dem offenen Seitenfenster hustet.

## Urlaub

**Rudi Carrell**

Ich war vor ein paar Wochen in Rom. Da steht bei jedem denkmalgeschützten Gebäude Tag und Nacht ein Polizist, um es vor Graffiti-Sprayern zu schützen. Da hat nämlich mal so ein Schmierfink die ganze Decke der Sixtinischen Kapelle vollgemalt.

**Bernd Stelter**

Richtig Urlaub machen geht ja schon lange nicht mehr; man kommt ja nicht mehr weg.
Auf den Autobahnen rund um Köln, zum Beispiel, maximal Tempo 30!
Der Kölner Regierungspräsident Franz-Josef Antwerpes will jetzt schon den Autobahnring komplett mit Gras einsähen, damit man wenigstens mal das Gefühl von Rasen hat.

**Gaby Köster**

Ich freue mich riesig auf den nächsten Urlaub. Also, wir fahren im Sommer immer einmal weg, und zwar mit der Straßenbahn in den Stadtwald, die Enten füttern. Aber dieses Jahr, habe ich zu meinem Mann gesagt, dieses Jahr, da hauen wir mal richtig auf die Kacke. Da hauen wir richtig auf den Putz. Da fahren wir einfach dahin und füttern mal die Schwäne.

Mike versuchte während seines Sommer-Urlaubs, den Weltrekord im Pfahlsitzen einzustellen. Wir wissen nicht, was aus ihm wurde.

# Spiele

## Gaby Köster

Wir in unserer Familie sind ja überzeugte Anhänger der Grünen. Deshalb spielen wir auch alles nur politisch korrekt und pazifistisch. Also bei uns heißt das beispielsweise nicht „Schiffe versenken", sondern „Schiffe in Ruhe lassen".
So komische Macho-Spiele wie „Sack hüpfen", das kommt überhaupt nicht in Frage, das heißt bei uns „Beutel hopsen".
Und „Schwarzer Peter" heißt bei uns „Peter afroamerikanischer Abstammung" oder auch „Farbiger Peter" oder „Pedro aus dem Asylantenheim".

## Mike Krüger

Ein beliebtes Spiel zur Weihnachtszeit in Quickborn ist das so genannte Eis-Raten. Die Regeln sind sehr einfach. Drei Männer setzen sich gemütlich vor einen warmen Kamin. Jeder hat drei Flaschen Korn. Die trinkt dann jeder aus. Dann geht einer raus in die Eiseskälte, und die anderen beiden raten, wer draußen ist.

# Tellerwerfer

Rudi zeigt einen Jongleur-Trick: den Teller vom Ellenbogen gleiten lassen und mit der Hand auffangen.

Für Mike ist kein Teller mehr da. Er darf auffegen.

# Weihnachten

## Kalle Pohl

Für meine Schwiegermutter hab ich zum Glück schon ein Weihnachtsgeschenk. Die kriegt jedes Jahr sechs bis acht Gläser. Das kommt immer darauf an, wie viel Senf ich verbraucht habe.

## Gaby Köster

Das Leben eines Mannes teilt sich ja in drei Phasen auf:
Phase 1 – er glaubt an den Weihnachtsmann.
Phase 2 – er glaubt nicht an den Weihnachtsmann.
Phase 3 – er ist der Weihnachtsmann.

**Kalle Pohl**
Für mich persönlich wird das ein richtig schönes Weihnachtsfest, denn Rudi hat mich zum Essen eingeladen.

**Rudi Carrell**
Moment mal, wer hat dich eingeladen?

**Kalle Pohl**
Du!

**Rudi Carrell**
Ich habe dich zu Weihnachten zum Essen eingeladen? Wann habe ich das gesagt?

**Kalle Pohl**
Anfang des Jahres hast du das gesagt. Ich habe zu dir gesagt: „Rudi, du könntest mich auch mal zum Essen einladen." Und da hast du gesagt: „Da kannst du warten bis Weihnachten."

TAGE KÖPFE

# Männer und Frauen

## Hausarbeit

### Kalle Pohl

Meine Frau lässt mich ja gar nicht mehr ran an die Wäsche … an die Waschmaschine. Nur weil ich einmal unsere Katze mitgewaschen habe. Dabei hat sie überlebt! Aber sie sieht jetzt aus wie Wolfgang Petry.

### Rudi Carrell

Die grüne Fraktion will, dass Männer waschen, staubsaugen, putzen und all die anderen Hausarbeiten machen müssen, von denen die grünen Parteifrauen gelesen haben, dass es die gibt.

**Mike Krüger**

Wenn dieser Gesetzentwurf von den Grünen durchkommt, dann jagen einem ja bald die Ehefrauen einen Anwalt ins Haus, wenn man morgens das Bett nicht richtig gemacht hat. Oder wenn man nicht aufpasst, hat man plötzlich die Polizei vorm Haus. Das geht dann ungefähr so:
„Hallo, hier spricht die Polizei. Herr Carrell, bitte räumen sie sofort den Geschirrspüler…“

## Scheidung

### Mike Krüger

Falls Gerhard Schröder mit seiner neuen Frau Doris auch noch mal Nachwuchs haben sollte, dann müsste er bei der Gute-Nacht-Geschichte abends immer erzählen: „Also, es gibt eine große, große Bärenfamilie, da ist Papa-Bär und Mama-Bär und Baby-Bär und Ex-Mama-Bär und Baby von Ex-Mama-Bär und Ex-Ex-Mama-Bär und Baby von Ex-Ex-Mama-Bär."

### Gaby Köster

Mir geht das mit den Scheidungen auch heute alles viel zu schnell. Eine Freundin von mir sagt, sie heiratet schon gar nicht mehr, sie macht nur noch Leasing. „Ich habe jetzt diesen Wolfsburger, und ich nehme mir das nächste Mal einen Franzosen oder einen Italiener." Darauf sage ich zu ihr: „Hör mal, bist du wahnsinnig? Was soll das? Ich meine, ein deutsches Modell ist doch viel günstiger im Verbrauch. Guck mal meiner, der braucht nur eine frische Unterhose pro Monat."

## Tanzpartnerin

**Mike Krüger**

Mein lieber Kalle, in ganz Deutschland ist heute Abend Tanz in den Mai. Und wer soll hier bei uns den Tanz eröffnen? Der Frauentyp! Du darfst es tun! Und dazu brauchst du eine wunderschöne Frau, eine tolle Frau. Wir haben eine Überraschung für dich. Sie hat dieses Jahr den Wiener-Opernball eröffnet. Du kennst alle ihre Filme. Und hier ist sie: Dolly Buster.

## Senioren

### Gaby Köster

Neulich kommt mein Onkel Herbert, so ein frauenfeindlicher Kacker, und sagt zu mir: „Also hör mal, ich weiß es nicht, ich weiß es nicht, ich glaube, meine Frau ist tot.“ Ich sage: „ Hör mal, was hast du denn für ein Problem?“ Sagt er: „Also im Bett ist es wie immer, nur die Küche sieht aus wie die Sau.“

Meine Oma, die ist im Altenheim und die spielt mit ihren Freundinnen immer Canasta. Finde ich super!
Und letztens kam da wohl der Zimmernachbar vorbei, der Fritz Steinkötter, und sagt: „So, meine Täubchen, jetzt ratet mal, wie alt ich bin.“ Da sagt meine Oma: „Fritz, jetzt stehst du mal bitte auf, öffnest dir die Hose und lässt sie fallen.“ Ja, der Fritz macht das auch brav, charmant, wie er ist, ist also ein Charme-Bolzen sondergleichen. Sagt meine Oma: „So Fritz, jetzt drehst du dich mal um, sehr schön. – Du bist genau 86!“
„Ja“, sagt der Fritz, „wie hast du das denn jetzt erkennen können?“
Und dann hat meine Oma gesagt: „Das hast du uns beim Frühstück erzählt.“

# Vatertag

**Rudi Carrell**
Mike, gestern war Vatertag. Wie viele Kinder hast du?

**Mike Krüger**
Eine Tochter.

**Rudi Carrell**
Das denkst du. Es gibt noch jemand, der am Vatertag immer an dich denkt. Dein unehelicher Sohn Axel. Wir haben ihn gefunden. Und er wollte dir immer schon mal was sagen. Jetzt hat er die große Gelegenheit dazu. Bitte Axel, sag's!

**Axel**
Ey, Papa, hast du mal 'ne Mark?

## Eheliche Pflichten

### Bernd Stelter

In einer Reihenhaussiedlung muss man ja immer sehr leise sein. Obwohl, ich habe meiner Frau gesagt: „So ein bisschen stöhnen könntest du auch mal." Sagt sie: „Ja, wann soll ich denn stöhnen?" – „Das sage ich dir dann schon noch." Und so nach vier, fünf Minuten fragt sie: „Bernibärchen, soll ich jetzt stöhnen?" Ich sage: „Ja, Hasenzahn, jetzt." – „Haaaaaaach, war das wieder voll bei Aldi!"

### Mike Krüger

Ein Freund von mir, der kam letzte Woche vom Arzt und sagt: „Du, Schatz, der Arzt hat mir eine schlechte Mitteilung gemacht, ich kann nur noch 50-mal Sex haben in meinem Leben." Da hat seine Frau gesagt: „Oh, das ist aber nicht gut, dann müssen wir das jetzt gut einteilen, dann sollten wir mal eine Liste machen." Darauf er: „Die habe ich schon gemacht, aber du stehst nicht mit drauf."

## Frau Dr. Spätsommer

**Gaby Köster**

Ich habe jetzt meine eigene Kolumne in der „Bravo", und zwar für Teenies ab 35. Ich heiße „Frau Dr. Spätsommer." Ich habe da auch schon einige Briefe bekommen, bei denen ich aus Gründen der Diskretion die Namen leicht verändert habe. Da schreibt zum Beispiel eine Frau H. Asenzahn aus Köln: „Liebe Frau Dr. Spätsommer, mein Mann möchte beim Sex gerne unten liegen, wir wissen aber nicht, wie das geht." – Liebe Frau H. Asenzahn, stellen Sie ihm das Bett in den Keller! Dann kann er unten so lange liegen wie er will und stört Sie auch nicht beim Sex!

Ich habe hier noch einen anderen Brief. Eine Frage von Frau K. Rüger aus Quickborn: „Mein Mann will, dass wir beim Sex das Licht anlassen. Ich habe aber Angst, weil ich gehört habe, dass man davon schwanger wird." – Keine Angst, Frau K. Rüger, davon werden Sie bestimmt nicht schwanger, höchstens blind!

So, und dann schreibt hier eine Frau B. Usse: „Mein Mann trägt sogar beim Sex eine Krawatte, ist das schlimm?" – Also, liebe Frau B. Usse, es kommt drauf an, worum er sie gebunden hat!

Der letzte Brief kommt von Frau H. Olländer aus Bremen: „Ich liebe Tiere über alles. Aber ist es eigentlich pervers, dass mein Silberpüdelchen mit ins Bett darf?" – Also, liebe Frau H. Olländer, Ihr Silberpüdelchen ist jetzt 64 Jahre alt. Das macht mal 7 – in Menschenjahren umgerechnet – 448. Ich glaube fast, da kann nichts mehr passieren!

**Jochen Busse**

Machen Sie sich keinen Kopf! Sie haben ja uns! Bis zum nächsten Mal – bleiben Sie uns gewogen!

# War das wieder eine tolle Sendun

„Was? Du kriegst Autogramm-Anfragen?“

Gut kalkuliert!

Die Zigarette danach

Noch kein Feierabend!

„Das war sie, die dumm' Sau!"

Hab' auch schon mal einen versemmelt…"

# Das „7 Tage – 7 Köpfe“ Lexikon

**Aachen**

nordrhein-westfälische Karnevals-Hochburg, in der nicht nur Karl der Große, sondern auch Kalle der Zwerg – eigener Aussage zufolge – schon einmal einen triumphalen Erfolg gefeiert hat. Seither Redaktions-Jargon: „In Aachen wäre das ein Brüller …“

**Autogramm-Adresse**

RTL „7 Tage – 7 Köpfe“, Aachener Straße 1044, 50858 Köln (frankierten Rückumschlag nicht vergessen!)

**Autoren**

ernste Menschen mit lustiger Festplatte (oder umgekehrt)

**Bambi**

Publikumspreis 1998 für die beste Comedy-Show

**Bayern**

Urige Gegend im Süden der Republik, fruchtbarer Boden für ▶ Köpfe wie Willy Astor, Django Asül und Michael Mittermeier

**Bernibärchen**

▶ Winterspeck

**Bügelfalte**

Kennzeichen des ▶ Moderators

**Carrell**

▶ Chef

**Chef**
▶ Carrell

**Dino**
Verlagsname (und nur bösen Zungen zufolge eine andere Bezeichnung für ▶ Chef)

**Dreibein**
die Krone der Schöpfung, auch wenn Gaby das nicht glauben will

**Dumm' Sau**
unintelligentes Borstenvieh mit eingebautem Apostroph, Lieblingstier von Hein ▶ Spack

**Düsseldorf**
aus Kölner Perspektive gleich hinter Mecklenburg-Vorpommern, wäre noch trister ohne Manes Meckenstock

**Erste Sendung**
23. Februar 1996

**Fax**
modernes technisches Gerät, das per Fernkopie redaktionelle Informationen an ▶ Köpfe und ▶ Autoren sowie schriftliche Hervorbringungen der ▶ Autoren an die Redaktion transportiert

# Das „7 Tage – 7 Köpfe“ Lexikon

**Ficken**
als Vokabel verpönt

**Finchen**
Gabys resolute Oma

**Gedichte**
verpönt

**Gehaltserhöhung**
kein Thema

**Goldener Löwe**
Fernsehpreis 1998 für die beste Comedy-Show

**Hasenzahn**
Frau von ▶ Bernibärchen, hatte im Silvester-Special 1998 einen viel zu wenig beachteten Kurzauftritt

**Hausarzt**
Doktor Stratmann, praktischer – um nicht zu sagen: sehr praktischer – Arzt aus Bottrop, der seit einiger Zeit unser Team verstärkt und sich und seinen Patienten das Rauchen gestattet, solange man noch ordentlich abhusten kann

**Hillary**
Redaktions-Jargon für: Wiedervorlage. Entstanden anlässlich eines von Gaby vorbereiteten umfangreicheren Beitrags über die amerikanische Präsidenten-Gattin, der in der Redaktions-Konferenz vorläufig zurückgestellt wurde, da mit Frau Clinton wohl auch in Zukunft „noch zu rechnen ist“. Anders ausgedrückt: St.-Nimmerleins-Tag! Wahre Weltmeister „in Hillary“, also im Wiederaufbereiten zurückgestellter Beiträge, sind übrigens Gaby und Bernd.

**Homepage**
http://www.7tage-7koepfe.de

**Hörgerät**
modernes technisches Gerät, vermittels dessen ein jeder beim ▶ Chef Gehör findet

**Hundertste Sendung**
17. September 1999

**Ideal**
unser Sendeplatz: Freitags, 22.15 Uhr, RTL

**Junkie**
▶ TV-Junkie

**Karneval**
Ort und Gelegenheit zur freudigen Wiederbegegnung mit vielen Pointen und Gags aus unserer Sendung

**Kindheit**
▶ Seiten 52/53

**Köpfe**
Redaktions-Jargon für jeweils sieben begnadete Top-Comedians

**Krüger**
Cappuccino

**Lachen**
vor, während und nach der Sendung!

**Mascha**
Anka Zinks legendäre Telefonsex-Polin

**Meysel**
betagte deutsche Schauspielerin, wird selbst im Falle ihres Ablebens durch Jörg Knörs perfekte Parodie fortleben

# Das „7 Tage – 7 Köpfe" Lexikon

**Moderator**
(lat.) von modestus = bescheiden und errare = irren, also: ein bescheidener Irrer

**Nase**
ist nicht der Name von ▶ Zwerg

**Ort des Geschehens**
Hürth-Kalscheuren

**Presse**
voll des Lobes! Oder was lesen Sie für Zeitungen?

**Quickborn**
Gegenteil von ▶ Aachen

**RTL**
Wir zeigen's Ihnen

**Schlußgag**
Chefsache

**Silberpüdelchen**
Gabys spezieller Tiername für den ▶ Chef

**Sketche**
verpönt

**Sonnenblume**
Gabys Kopfschmuck

**Spack**
Kalles sich stets gewählt ausdrückender Cousin

**Tante Mimi**
zum Wehklagen neigende, in Adelsangelegenheiten bestens bewanderte Tante von Kalle

**Ticket-Service**
Mercur Media, Tel.: 0221/93123440

**TV-Junkie**
Michael Mittermeier

**University of Wales Swansea**
Walisische Hochschule, an deren Germanistischem Institut unsere Sendung zum Gegenstand von Forschung und Lehre geworden ist (namentlich Bernds „Erlkönig"-Rap)

**Videotext**
RTL-Tafel 361

**Warm up**
Jochen heizt ein
▶ s.S. 12

**Wickerath**
Kalles cholerischer Nachbar

**Winterspeck für's Bernibärchen**
nicht ganz ernst gemeinter Spendenaufruf eines „nimmersatten“ ▶ Kopfes in eigener Sache, befolgt von etlichen Zuschauern mit dem Rekordergebnis von 18 DM

**Wohnwagen**
Mike zufolge Rudis treuester Anhänger. Die Legende geht wohl auch zurück auf jenes meist hinter dem Studio geparkte Wohnmobil, in dem der ▶ Chef, angesichts beengter Räumlichkeiten im Studio-Umfeld, in früheren Jahren arbeitete und ruhte

**Wortspielereien**
verpönt (bis Willy Astor kam, kalauerte und siegte)

**Xenophobie**
hat bei uns keinen Platz

**Y**
durch ein türkischer anmutendes „ü“ ersetzter Buchstabe im niederbayerischen Namen „Django Asül“

**Zuschauer**
sind bei uns stets im Bild(e)

**Zwerg**
auch meistens …

# Jochen Busse

## Jochen Busse

Erste Begrüßung im sauerländischen Iserlohn – in seiner bekannt liebenswürdigen Art.

Als Schauspieler eine Entdeckung des Komponisten Friedrich Hollaender.

Drei Jahre am Düsseldorfer „Kom(m)ödchen", danach elf Jahre im Ensemble der „Münchner Lach- und Schießgesellschaft".

Zahlreiche Bühnen- und Fernsehrollen (u.a. als Hagen Krause in der RTL-Serie „Das Amt").

Auch als Autor und Moderator gefragt.
Gerne elegant und korrekt gekleidet.
Nur selten im Pullover zu sehen.

# Rudi Carrell

## Rudi Carrell

Am laufenden Band
De Kuyper
Die Post geht ab
Die Rudi Carrell Show
Die Prominenten-Playbackshow
Die verflixte 7
Edeka
Gib mir mein Fahrrad wieder
Goethe war gut
Herzblatt
Lass dich überraschen
Rudi kann's nicht lassen
Rudi macht's möglich
Rudis halbe Stunde
Rudis Hundeshow
Rudis Lacharchiv
Rudis Tagesshow
Rudis Tiershow
Rudis Urlaubsshow
Sieben Tage – Sieben Köpfe
Tante Trude aus Buxtehude
Unterm Regenbogen
Wann wird's mal wieder richtig Sommer?
Wenn die tollen Tanten kommen

# Gaby Köster

## Gaby Köster

Kölsches Original und Naturtalent.
Besondere Kennzeichen: Geblümter Kopfschmuck.

War Sängerin bei „The Piano has been drinking“, „Creme Fräsch“ und „Low Budget„ und Akteurin in der Kölner „Stunksitzung“. Gemeinsam mit Ihrem Cousin Gerd Köster Trägerin des 15. Gilden Kölsch Preises.

Neben zahllosen Radio- und Fernsehsendungen große Tournee-Erfolge mit ihrem Soloprogramm „Die dümmste Praline der Welt“.

Neuestes Projekt:
Eigene Sitcom „Ritas Welt“ bei RTL.

# Mike Krüger

## Mike Krüger

Geboren als Michael Friedrich Karl K. am 14.12.1951 in Ulm – „auf der Durchreise, weil ich schon immer so schnell war“ – ein 7-Monats-Kind.

„Man konnte nicht ahnen, dass ich später einmal so groß werden würde.“

Nach der Geburt zurück nach Hamburg: dort Baby- und Kinderjahre. Schule. Betonbauerlehre. Fachhochschulstudium Architektur. Bundeswehr.

Bereichert seither das deutsche Kulturerbe mit klassischem Liedgut („Mein Gott, Walter“, Der „Nippel-Song“), Rekorde brechenden Lichtspielen („Piratensender Powerplay“, „Die Supernasen“, „Zwei Nasen tanken Super“) und niveauvoller Fernseh-Unterhaltung („Vier gegen Willi“, „Kennen Sie den?“, „7 Tage – 7 Köpfe“).

Hervorstechende Merkmale: Keine.

# Kalle Pohl

## Kalle Pohl

Erste öffentliche Ein-Mann-Show mit 10 Jahren („Der kleine Wirt in der elterlichen Kneipe“).

Schon damals beim weiblichen Publikum erfolgreich.

Abgebrochene Kochlehre, vollendete Kaufmannslehre, Ausbildung zum Polizeihauptwachmeister, Briefträger, Kellner, Musikstudent, Gitarrenlehrer und Verfasser von insgesamt 7 Musikbüchern. LP, MC, Single – vergebliche Liebesmüh!

Mitbegründer des Kölner Atelier-Theaters. Kabarettistische Soloprogramme und Auftritte mit namhaften Kolleginnen und Kollegen.

Unzählige eigene Radiosendungen.
Diverse Nebenrollen in diversen Fernsehfilmen.
Wächst neuerdings weit über sich hinaus.

# Bernd Stelter

## Bernd Stelter

Erblickte im April 1961 das Licht des elterlichen Schlafzimmers. 12 stramme Pfund brachte der Knabe als Neugeborener auf die Waage, so dass er, heute zwei Zentner schwer, proportional gar nicht so zugenommen hat, wie er nicht müde wird zu betonen.

Nach weit über 1000 Auftritten aus unterschiedlichsten Anlässen, zahlreichen Hörfunk- und TV-Moderationen war dennoch jener Tag der wichtigste seiner Karriere, als Rudi Carrell ihn in einem Kölner Hotel fragte: „Hast du eigentlich Lust auf 7 Tage – 7 Köpfe?“ Stelter dazu: „Eigentlich küsse ich keine Männer in der Öffentlichkeit, aber da war ich schon nah dran.“

Bernd Stelter ist verheiratet, hat zwei Kinder. Ursprünglich wollten „Hasenzahn“ und er immer viele Kinder. Heute wissen sie: Zwei sind viele. Er überlegt heute schon, wie er den Kindern später begreiflich machen soll, dass sie einen „ordenlichen Beruf“ erlernen sollen, obwohl der Vater sein Geld mit Blödsinn verdient.

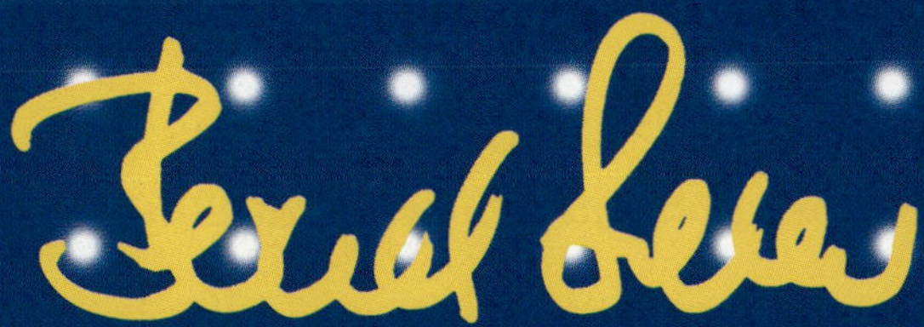

# Willy Astor

1924 – 1961
Gebirgsgämse. Reinkarnation am 6.9.1961 in München.
1 Tag Kindergarten, 4 Jahre Grundschule, 4 Jahre Volksschule,
9 Jahre Hauptschule, 3 Monate Fahrschule.

1.9.76
Ausbildung zum Werkzeugmacher (Feilen, Bohren, Fräsen, Feinmotorik)

Oktober 1982
Fischerprüfung

März 1983
Ausbildung zum Maschinenbautechniker

März 1985
Technikerprüfung, Note 2 (= guter Mann)

April 1985
Genrewechsel vom Maschinenbau zur Bühnenschau (z. B. Hebebühne)

Seitdem Konzerte im benachbarten Inland; Tätigkeiten
als Hörfunkautor und Stangenhalter für Wohnwagenvorzelte

# Django Asül

1972
Showdown in einem niederbayrischen Kreißsaal (ausverkauft)

1982 – 1992
**Stufe 1** zum Kabarett-Diplom:
Übertritt in ein bayrisches Gymnasium.
Erster bis zehnter Titel im Tennisklub und Rückzug aus dem Wettkampfsport.
**Stufe 2** zum Kabarett-Diplom: Bayrische Hochschulreife

1995
**Stufe 3** zum Kabarett-Diplom:
Erfolgreicher Abschluss der Ausbildung zum Bankkaufmann. Sofortiger Abschied vom Finanzgewerbe und Selbsterfahrungsphase als Tennistrainer.

ab 1996
Kabarettist mit ambulantem Gewerbe zwischen Hamburg und München. Auch im befreundeten Ausland (England, Italien, Hessen). Auch im weniger befreundeten Ausland (Österreich, Schweiz, Franken). Hörfunk und Fernsehen. Sportkolumnist der „Münchner Abendzeitung“.

# Jörg Knör

Jüngster Kandidat in Rudi Carrells Show „Am laufenden Band“ (mit 15 Jahren).

Jüngster Fernsehansager im WDR (mit 17 Jahren).

Ochsentour als Nachwuchs-Entertainer von Talentshows über Diskotheken, Zelte, Betriebsfeste und Hochzeiten bis hin zu Soloprogrammen auf namhaften Kleinkunstbühnen, Galas und eigenen Fernsehshows.

Spezialität: Vielstimmigkeit. Knör parodiert alles und jeden – vom Papst über Michael Jackson bis hin zu Inge Meysel.

Privat: Verheiratet, zwei Töchter.

Mag: Rotkohl, Rotwein und Malen auf Tisch und Wände.

Mag nicht: Pastor Fliege, das Wort „Stimmenimitator“ und Frauen mit künstlichen Fingernägeln.

# Manes Meckenstock

Geboren an einem 13. Mai in Düsseldorf.
(Hätte jedem passieren können.)

Erste Fremdsprache: Deutsch.

Sonstige: Platt, durch die Nase und über andere Leute. Trotzdem Abitur.

Lebensmotto: „Der Düsseldorfer an sich kann besser gucken als wie denken!“

Ausbildung zum Friseur und Maskenbildner. Von namhaften Kollegen und -innen auf die Bühne geschubst.

Erkennungzeichen: die Strassbrosche (lenkt vom Gesicht ab)

# Michael Mittermeier

Den ersten Lacherfolg mit seiner Mimik erzielte er bereits 1966 (bei den Ärzten).

Es folgten: eine Theaterrolle als Hund, ein Kurzauftritt mit der Rockgruppe U 2 in der Olympiahalle München (1987) sowie mit eigener Band als Vorgruppe der EAV (1991).

Seit 1987 mehr als 2000 Auftritte als Stand Up Comedian/Kabarettist in Deutschland, Österreich, der Schweiz, Italien und England. Jede Menge Fernsehauftritte. Ausgezeichnet mit renommierten Kabarett- und Kleinkunstpreisen.

Michael Mittermeier ist „studierter" Comedian (Magisterarbeit über „Amerikanische Stand Up Comedy", 1994 an der Universität München), Plattenverkäufer (brachte mehr als 200.000 Exemplare seiner CD „Zapped" an den Kunden, erhielt eine GOLDENE SCHALLPLATTE in der Schweiz!) und erfolgreicher Buchautor „Im Rausch der Kanäle" (Berlin 1998).

# Doktor Stratmann

Eigentlich: Dr. med. Ludger Stratmann.

In Bottrop niedergelassener Allgemeinmediziner. Zuvor Volks-Gymnasial-Real- und wieder Volksschüler, Handelsschüler, Sparkassenlehrling, Absolvent des Bischöflichen Abendgymnasiums Essen, Medizinstudent, Assistenzarzt.

Betreibt seit 1994, zusammen mit seinem Bruder Christian, das Essener Europa-Haus (vormals: Amerika-Haus) als Kleinkunst-Theater mit Gastronomie. Seither dort mehr als 1000 Abende mit seinen medizin-satirischen Soloprogrammen als „Doktor Stratmann".

Nach etlichen Auftritten auch außerhalb des Ruhrgebiets und in verschiedenen Fernsehsendungen hat er das Prädikat „Geheimtip" hinter sich gelassen.

# Anka Zink

Geboren im Karneval in Bonn am Rhein – und doch kein Revue-Girl geworden.

Schweres Schicksal: Frau, Katholikin und Sonntagskind.

Langer und ausgiebiger Schulbesuch. Kurzes und effektives Studium. Diplom-Soziologin.

Lieblingsthema bis heute: Teilnehmende Beobachtung.

Hobbies: Modeschmuck, US-Literatur, Börsengeschäfte.

Privat: Ledig, 2 Patenkinder, 2 Katzen, 2 feste Mitarbeiter.

Bühne, Radio, Fernsehen. Dozentin an der Köln-Comedy-Schule. Keine Preise.

Hat – „im Gegensatz zu anderen Comedians“ – auch schon mal privat was zu lachen.

## Nicht nur 7 Köpfe …

… zerbrechen sich dieselben bei der allwöchentlichen Suche nach neuen Gags.
Unsere unheimlich kreativen Ghostwriter – hier sollen sie einmal genannt werden:

Maik Birnbaum
Sabine Bode
Martin Brindöpke
Marcus Budde
Gabi Busch
Jens Oliver Haas
Caroline Hafner
Markus Hennig
Stephan Herschung
Notker Honé
Klaus Joachimmeyer
Uwe Kania
Frank Klinger
Björn Mannel
Achim Nieder
Stephan Pächer
Wendelin Rader
Sonja Schönemann
Rich Schwab
Claus Vaske
Helmuth Volkmann
Gernot Voltz
Jochen Winter

# Die „7 Tage – 7 Köpfe“ Gästeliste

Sendungen 1-99

Ingo Appelt
Willy Astor
Django Asül
Konrad Beikircher
Matthias Beltz
Iff Bennett
Erika Berger
Martina Brandl
Jochen Busse
Campino
Howard Carpendale
Rudi Carrell
Karl Dall
Gaby Decker
Olli Dittrich
Lisa Fitz
Gregor Gysi
April Hailer
Gert Haucke
Thomas Hegemann
Jörg Kachelmann
Hellmuth Karasek
Piet Klocke
Jörg Knör
Ulla Kock am Brink
Gaby Köster
Diether Krebs
Mike Krüger
Hera Lind

Sepp Maier
Mary
Manes Meckenstock
Hans Meiser
Franziska Mense-Moritz
Missfits
Michael Mittermeier
Jürgen W. Möllemann
Geert Müller-Gerbes
Christine Neubauer
Desiree Nick
Friedrich Nowottny
Sissi Perlinger
Kalle Pohl
Milena Preradovic
Markus Maria Profitlich
Marcel Reif
Bärbel Schäfer
Heinz Schenk
Nico Schifferer
Tanja Schumann
Bernd Stelter
Doktor Stratmann
Dr. Helmut Thoma
Axel Thorer
Harry Wijnvoord
Günther Willumeit
Anka Zink